„VUALLAH ICH LIEBE DICH"

© 2022 Olivia Lawson
Herstellung und Verlag: BoD – Books on Demand, Norderstedt
ISBN: 9783756231294

Vuallah – Ich liebe dich!

Liebe Leserinnen und Leser,

wie ihr sicherlich schon vom Titel herauslesen könnt, handelt es sich in diesem Buch um das heiß umstrittene Thema Liebe. In diesem winzigen Buche möchte ich euch zeigen, wie unbedeutend deine Art von Liebe in einer Beziehung sein kann, solange du die Liebe deines Gegenübers nicht verstehst.

EU AMO VOCE

Was gibt es da nicht zu verstehen?

Versteh mich bitte nicht falsch. Die folgenden Schritte sind nicht nur an dich gerichtet. Mit der Hilfe der nächsten Seiten bereitest du etwas Spannendes für deinen Gegenüber vor. Durch diese einfache Methode kommst du dem Herz deiner Liebsten mindestens zwölftausend Schritte näher. Oder verstehst zumindest, wieso du vielleicht doch weiter entfernt von dem "Verstehen" bist, als du dachtest.

I LOVE YOU

Schritt 1.

Vuallah – wie liebst du ?

Witzig und simple wie es klingt, ist es auch!

Konzentration ist nun gefordert....

Erstmal die Fragen an dich selbst liebe/r Leser/in.

Wenn du deiner eigenen, individuellen Liebe eine Farbe geben könntest, welche Farbe würde sie haben?

MAIN AAP SE PREM

KARATA HOON

Schreibe hier deine Antwort auf:

S'AGAPO

Nun schön, wir haben deine persönliche Farbe.

Es gibt keine falsche Farbe, deine Farbe ist einzigartig und schön hoffentlich lerne ich sie auch mal kennen.

Dann ab zur zweiten Frage.

Wenn ich noch nie von Liebe gehört hätte, wie würdest du sie mir erklären?

Schreib soviel du möchtest und die restlichen Seiten kannst du irgendwann mal ergänzen.

LONLON NYE

Antwort:

JE T'AIME

~ 9 ~

Oh, sehr gut, jetzt haben wir zumindest deine persönliche und individuelle Definition von Liebe herausgefunden.

Wie fühlst du dich gerade?

Ein wenig nachdenklich?

Wie schon angekündigt kommt nun die wahre Magie meiner Methode. Gehe nun zu einem deiner Liebsten und stelle ihnen dieselben 2 Fragen. In derselben Reihenfolge.

TE DUA

~ 11

Beispiele wie du beginnen kannst:

Sag mal... mich hat jemand mal nach
meiner individuellen Farbe der Liebe
gefragt. Ich denke immer noch über
eine passende Antwort nach. Wie würde
denn deine Farbe aussehen?

Nach der Antwort...

Wie würdest du denn Liebe beschreiben
und warum diese Farbe?

Alternativ?

Vuallah – wie liebst du?

SENIM SEVIYORUM

Notizen:

Ab jetzt genau zuhören und nicht unterbrechen, du wirst merken, wie die Person sich in ihre eigenen Liebesgedanken vertieft. Zunächst starten die meisten holprig und bringen nur ein „ehm" oder „hmm" heraus. Nach einigen Sätzen hört man meistens dann doch die tiefe Seele ganz von allein sprechen und du kannst förmlich sehen, wie sich seine Liebe im gesamten Raum manifestiert. Je nachdem wie die Person liebt, fängst du an, es schon fast zu fühlen.

Pass dabei bitte auf! Die Person schenkt dir gerade einen Einblick in ihre tiefste Form, gehe damit so um als wäre es der größte Schatz, den du je gesehen hast.

Damit du vorbereitet bist!

Nun kommt der Moment für einen liebevollen Kuss, eine Umarmung oder sonst, was dir einfällt.

EK HET JOU LIEF

Ich glaube, wir Menschen denken zu selten über unsere Definition der eigenen Liebe nach. Wir gehen aber trotzdem davon aus, dass unsere Liebsten ohne große Erklärungen immer verstehen können, welche Farbe unsere Liebe gerade ausstrahlt.

Aber sei mal ehrlich, möchtest du eine gesellschaftliche Liebe leben oder lieber eine eigene individuelle, die du dir selbst mit deinen Liebsten aufgebaut hast?

Nun, wenn ihr euch eine eigene Farbe der Liebe kreiert, verfällt somit auch die Angst, wichtige Menschen zu verlieren, da du nun weißt, euer Verhältnis ist einzigartig und niemand wird genau dieselbe Farbe schaffen können.

TE AMO

Ich glaube fest daran, dass jeder Mensch
seine individuelle Farbe, für seine Liebe
erschaffen kann oder es schon getan
hat. Nun sollte es die Aufgabe sein,
mehrere Farben harmonisch in einer
Farbpalette zu kombinieren.

YES SIRUM YEM K'EZ

Notizen:

Wie bin ich zu dieser Farbe gekommen?

Als letzte Aufgabe für dich: In einem ruhigen Moment solltest du dich vielleicht nochmal fragen, welche Lebenssituationen deine Liebesfarbe geprägt haben. Du wirst erkennen, dass dein Gegenüber wahrscheinlich auch eine Menge erleben musste bevor er/sie sich für genau diese Farbe entscheiden konnte.

Auf den nächsten Seiten Folgen:

Die Liebe verschiedener Personen, die ich auf meinen Reisen kennen lernen durfte.

ICH LIEBE DICH

Notizen:

Dein Feedback würde mich brennend interessieren!

Schreib mir doch einfach was du für Erfahrungen sammeln konntest auf

@just_a_poem_

Vuallah – du bist ein schöner Mensch.

VOLIM TE

Die Liebe ist nun mal grundsätzlich etwas Schönes, etwas das Leben lebenswerter macht.

Farbe Orange

(36) Jahre alt

Oh hum! Ich habe mir dazu mal etwas aufgeschrieben.

Zwischen Seele und dem Kopf, liegt der Punkt, der alles vergessen lässt. Ich habe gelernt, dass die Liebe dir die Macht verleiht, dein Grundkonzept neu zu erfinden. Aber auch dieselbe Liebe erfindet dein Grundkonzept eigenständig völlig neu.

Ich frage dich, Liebe: Was wünschst du dir für mein Leben? Hum?

Kannst du das verstehen?

ANA BEHIBEK

Liebe hat keine Farbe (25) Jahre alt

Hum! Für die Liebe ein Tipp:

Denk niemals einseitig. Denk immer für
beide mit. Und schau tief in die Zukunft.
Dann kannst du Sachen besser einschätzen.
Wenn du so handels,t wie du in der Zukunft
sein möchtest, bist du heute schon einen
Schritt der Zukunft näher.

Liebe ist sehr viel Freude. Hum, was fällt mir
noch so ein?!

Es gibt dir Energie! Das hört sich schwach
a,n aber du hast diese Schmetterlinge im
Bauch und du bist sofort sprachlos. Du
bekommst diesen Adrenalinkick und die
Motivation für gewisse Dinge. Liebe ist ein
Lehrer fürs Leben.

Wenn deine Stimme nicht zittert beim
Sprechen über Liebe ist es keine Liebe.

Es gibt nur eine Liebe und die siehst du in
jedem Menschen anders.

WO AI NI

Sonnenuntergangfarbe (27) Jahre alt

Ehm, auf jeden Fall,

Hoffnung für die Liebe, sollte man niemals
aufgeben. Es gibt irgendwo vielleicht
jemanden,, der für dich gemacht ist. Man
sollte sich nicht verschließen.

Füreinander gemacht sein heißt nicht, man
müsse für immer zusammen sein.

Sonnenuntergang- Farbe ist die Farbe der
Liebe. Du schaust abends hinein und denkst
dir wahrscheinlich, wie schön geht heute
bitte die Sonne unter. Danach bist du sehr
traurig, weil sie leider weg ist, aber in der
Früh geht sie genau so schön wieder auf.
Das verspreche ich dir!

Der Aufgang und auch der Untergang sind
beides Liebe, meiner Meinung nach. Jetzt
stell dir vor, die Sonne würde zu jeder Zeit
in Höhe des Sonnenuntergangs stehen,
dann würdest du die Schönheit nicht mehr
so schätzen können.

ASHITERU

Notizen:

Farbe Grau (25) Jahre alt

Liebe ist immer so ein schmerzhaftes Wort.
Ich verbinde damit nichts Gutes.

Jemandem Liebe beschreiben?

Hum das ist echt schwierig! Es ist eine
wichtige Frage. Liebe ist ein Gefühl, dass
man empfindet für eine Sache, die man für
sein Wohlbefinden braucht. Das Verlangen
danach, kann dann zur Sucht führen. Und
wenn man nicht aufpasst driftet man in die
Abhängigkeit ab.

Die eine Liebe ist ein Gefühl von Brauchen
und die andere Liebe, wie die zu den Eltern
ist eher eine Geborgenheit. Es gibt die eine
Liebe, die dir sehr viel Unsicherheit gibt und
die andere gibt dir Sicherheit. Liebe
unterscheidet sich je nach Person. Aber
auch zu leblosen Sachen unterscheidet sich
die Liebe, denke ich. Man kann, glaub ich,
aber nicht mit einem Partner die ultimative
Liebe erreichen. Unsicherheit ist definitiv
ein Mangel an Liebe, aber den Mangel
macht nur die ANGST aus.

ALOHA WAU IA OI

~ 28 ~

Pfirsich Farbe

(39) Jahre alt

Ehm, ich würde sagen:

Wenn die Liebe deine totale Motivation
ist, dann gibt es nicht mehr. Es gibt nur
genug.

YA TEBYA LIUBLIU

Farbe Weiß

(22) Jahre alt

Hum, lass mich überlegen!

Liebe ist wie ein heiliger Schein, der dich umgibt, und vor allem beschützt.

Was sagen deine Liebsten?

A HURU M GI N'ANYA

KONORONHKWA

SARANG HEYO

NAKUPENDA

NALINGI YO

QANTA MUNANI